MW00380157

001

002

003

004

005

006

007

008

009

010

TWIN BEDS

011

012

013

014

015

016

017

018

019

020

021

022

023

024

025

026

027

028

029

030

031

032

7

033

034

035

036

037

038

039

040

041

042

043

044

045

046

047

THIS CHRISTMAS WREATH FOR YOU

049

048

050

051

052

MEN'S STYLES
fall & winter 1917-1918

ADLER·ROCHESTER
Clothes

053

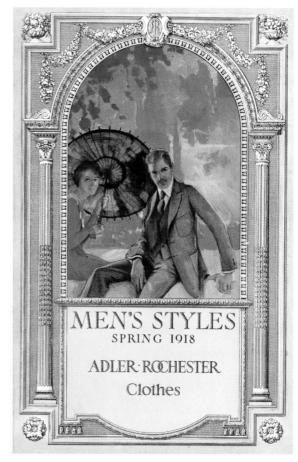

MEN'S STYLES
SPRING 1918

ADLER·ROCHESTER
Clothes

054

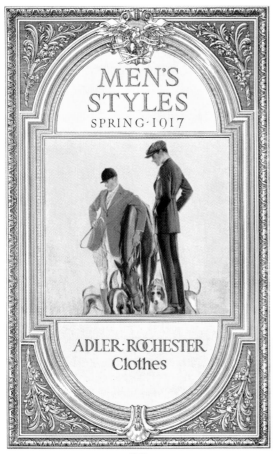

MEN'S STYLES
SPRING·1917

ADLER·ROCHESTER
Clothes

055

The ENGLISH
WOOLEN MILLS
COMPANY

056

THE ADVENTURE
OF JIM AND JOHN
AND JANE

057

058

059

060

061

062

063

064

065

14

066

067

068

069

070

071

072

073

16

074

075

077

076

078

079

080

081

082

083

Ide

COLLARS

STYLISH - but more, QUALITY
built into them by craftsmen who know that style
is rather useless unless it is coupled with Durability

084

085

086

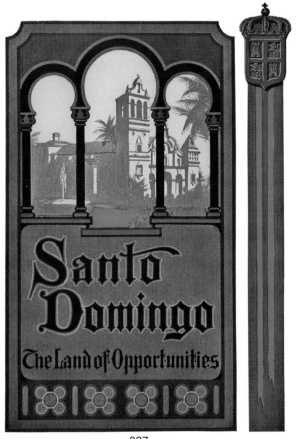

087

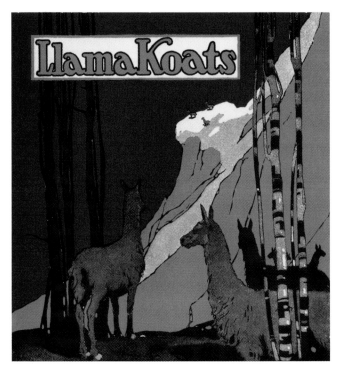

088

089

090

091

092

093

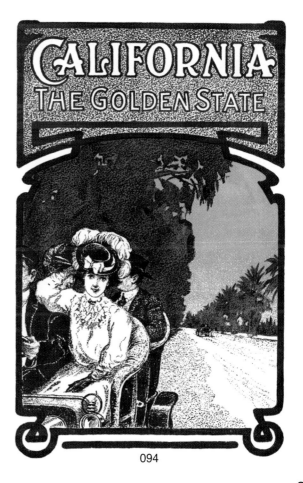

094

095

096

097

098

099

100

101

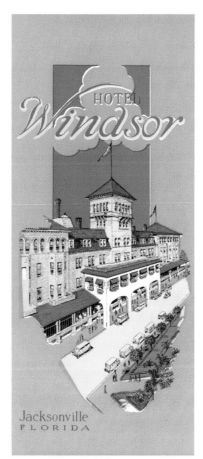

102

103

104

105

106

107

108

109

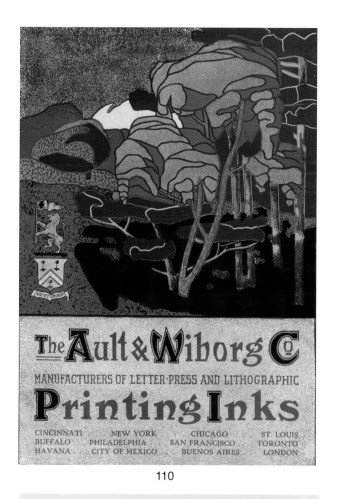

110

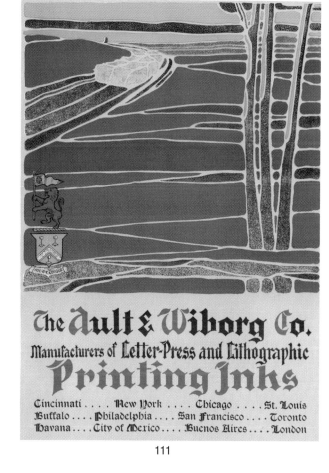

111

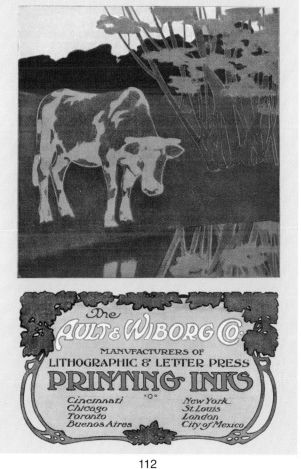

112

113

114

115

116

117

118

119

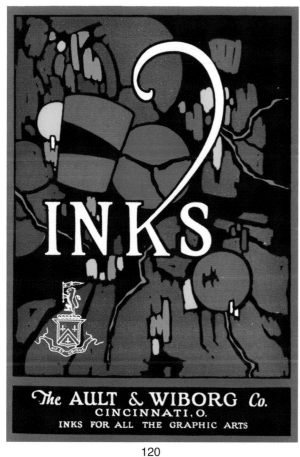

120

121

122

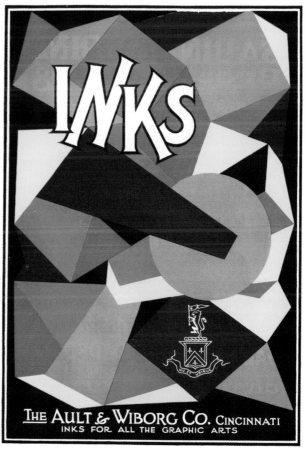

123

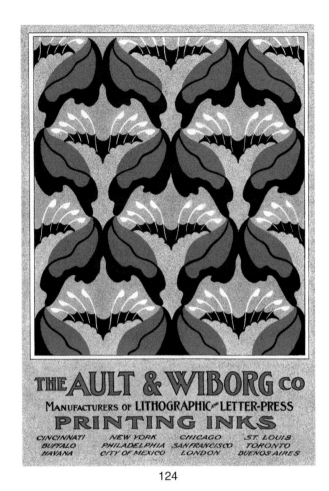

124

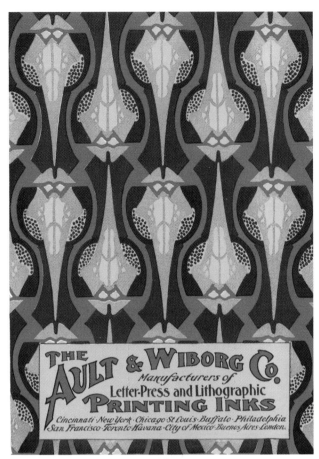

125

126

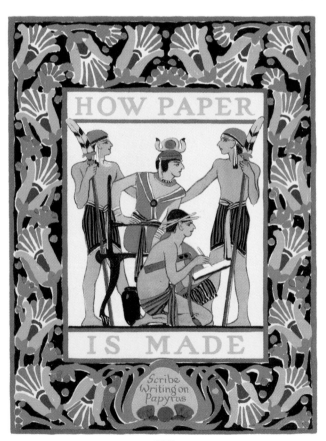

127

28

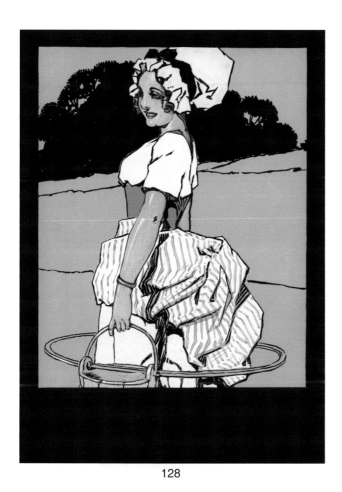

128

129

130

131

132

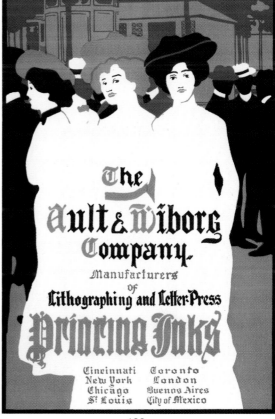

133

134

135

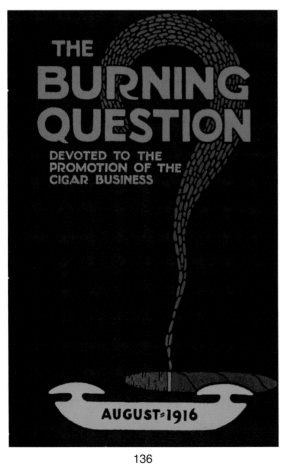

136

137

138

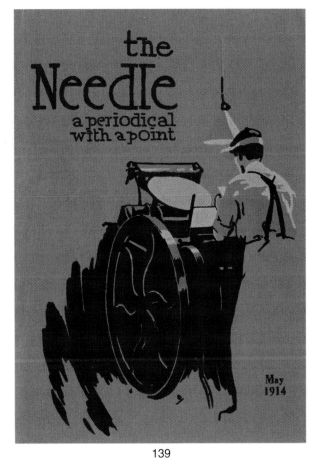

139

140

141

31

142

143

144

145

146

147

148

149

150

151

152

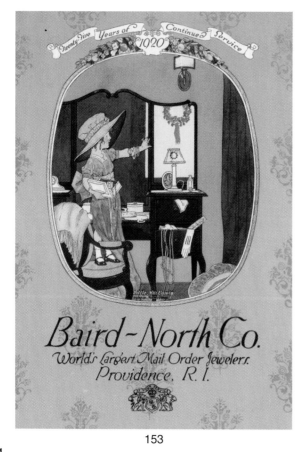

153

154

155

156

157

158

159

160

161

162

163

OUR GUARANTEE

164

165

166

37

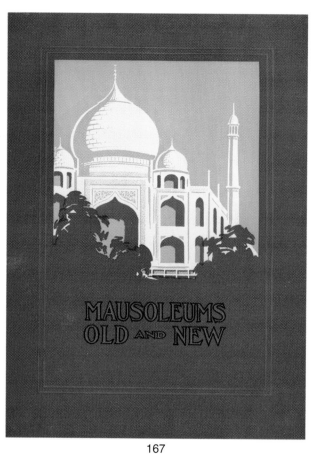

167

168

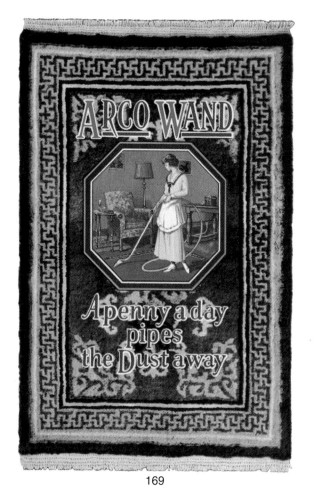

169

170

171

172

173

174

39

175

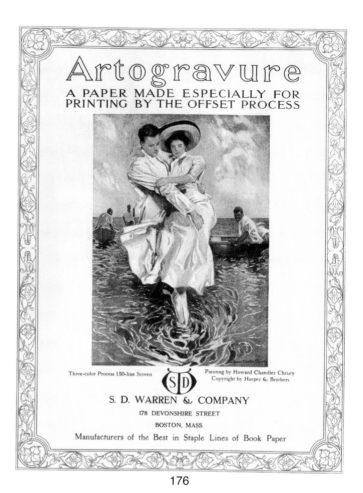

Artogravure

A PAPER MADE ESPECIALLY FOR PRINTING BY THE OFFSET PROCESS

Three-color Process 150-line Screen

Painting by Howard Chandler Christy
Copyright by Harper & Brothers

S. D. WARREN & COMPANY

178 DEVONSHIRE STREET

BOSTON, MASS.

Manufacturers of the Best in Staple Lines of Book Paper

176

177

178

179

1916 FLORAL GUIDE

THE CONARD & JONES CO.
WEST GROVE, PA. U.S.A.

180

181

182

183

184

185

186

187

188

189

190

43

191

"SHINE ON THE WHOLE RACE OF MAN"

192

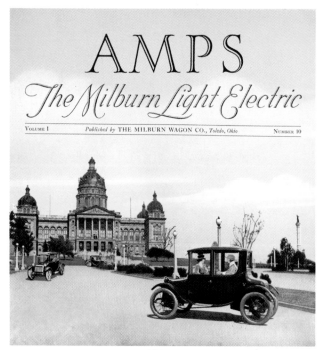

193

194

44

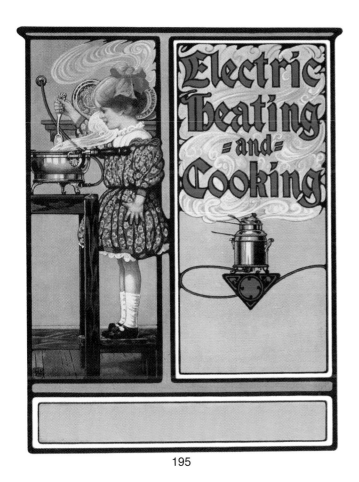

195

196

197

198

199

200

201

202

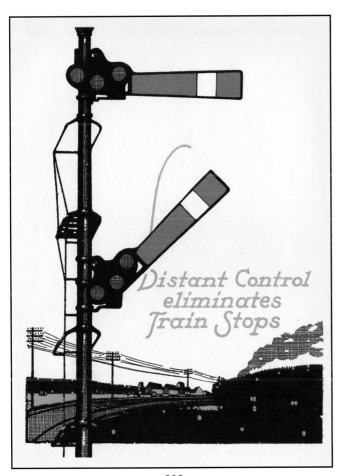

203

204

205

206

47

207

208

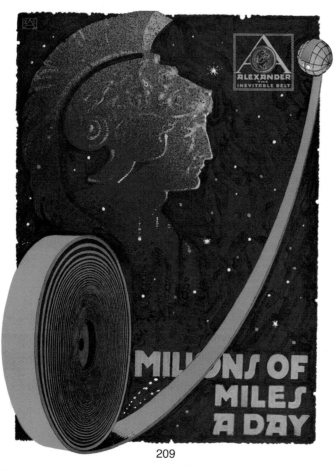

209

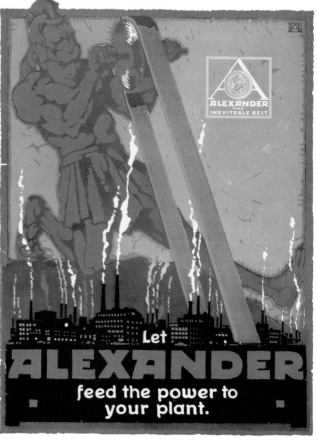

210

48